I0207035

Y 5492.
O+4.

Ye

10024

ÉLOGE
DE VOLTAIRE,
POÈME.

ÉLOGE
DE VOLTAIRE,
POÈME,

Qui a concouru pour le Prix de l'Académie Française, en 1779.

Par M. NOUGARET.

« Du moins, s'il faut célébrer toujours ceux qui
» ont été grands, réveillons quelquefois la cendre
» de ceux qui ont été utiles ».

Volt. Eloge funèbre des Officiers morts dans la Guerre de 1741.

A GENÈVE,

Et se trouve A PARIS,

Chez GUEFFIER, Libraire-Imprimeur, au bas de la rue de la Harpe.

ÉLOGE
DE VOLTAIRE,
POÈME.

Des sublimes talens illustrant la carrière,
Vainement le Génie en ouvrait la barrière,
Secondait les efforts de ses heureux rivaux,
Et daignait couronner tous leurs doctes travaux;
Ma Muse, jeune encore, inconnue & timide,
Craignait de prendre un vol, un essor trop rapide,
Etouffait de la gloire un imprudent desir,
Au Vainqueur fortuné contente d'applaudir.
Mais tandis qu'au signal des Sages du Permesse,
Les enfans des Beaux-Arts, transportés d'allégresse,
Se hâtent d'élever d'éternels monumens,
Fiers d'immortaliser leurs noms, leurs sentimens;
Lorsque tout les invite à célébrer VOLTAIRE,
Ma Muse en l'admirant pourrait-elle se taire?

Non, sans briguer l'honneur d'un dangereux éclat,
Un silence modeste aurait l'air trop ingrat :
L'Elève doit toujours un hommage à son Maître.
VOLTAIRE fut le Dieu qui vint lui donner l'être.
Dans ses nombreux Ecrits, des Peuples le flambeau,
Elle vit le précepte & l'exemple du beau,
Et connut, en lisant d'aussi parfaits modèles,
Qu'on n'a point aisément des palmes immortelles.

Vous, que ce Dieu du Pinde en tout tems inspira;
Tel qu'un Astre brillant, ô vous qu'il éclaira !
Nourriçons des Neuf Sœurs; vous, leurs dignes Mécènes,
Qui tourmentez l'Envie en riant de ses haînes,
Rendons à ce grand homme un honneur mérité,
Eprouvons les transports de la Postérité;
Dans le Temple des Arts, dans ce Lycée auguste,
Entourons de lauriers & couronnons son buste....
Quelle foule s'empresse, en cet heureux instant,
A rendre à sa mémoire un hommage éclatant ?
Je vois, je reconnais les enfans du Génie,
Dont l'Europe s'honore, ainsi que ma Patrie;
Pénétrés de respects pour ses rares talens,
Ils doivent à lui seul tous leurs succès brillans,
Et vont sur son tombeau déposer leurs couronnes :
Ainsi du Pinde entier il occupa les Trônes.
Le sévère Censeur de tout le genre humain,

Qui fait fixer des Rois la gloire & le destin ;
De l'auguste Clio, l'Amant fier, intrépide,
Déclare que souvent VOLTAIRE fut son guide.
Le Peintre attendrissant des tragiques malheurs,
Qui force l'homme dur à répandre des pleurs ;
Cet enchanteur aimable, instruit par Melpomène,
De prestiges touchans animant notre Scène,
Pour maîtriser les cœurs au gré de son espoir,
De VOLTAIRE a saisi le grand art d'émouvoir ;
Cet art toujours vainqueur, vrai trésor du Génie,
Et qui fonde à jamais sa puissance infinie.
Le léger Ecrivain d'agréables Romans,
Des frivoles Lecteurs joyeux amusemens ;
L'Auteur ingénieux d'un charmant badinage,
De nos oisifs futurs veut briguer le suffrage,
S'énorgueillit, s'étonne en voyant, comme lui,
VOLTAIRE se jouer de quelques jours d'ennui.

J'apperçois Calliope ; elle approche, elle avance ;
Plus d'un Auteur Français rougit en sa présence ;
Elle embrasse les traits du Chantre de Henri,
Le seul qui parmi nous en ait été chéri : —
« O l'honneur de ton siècle ! ô grand homme, dit-elle !
» Qui ne serait jaloux de ta gloire immortelle ?
» Toi seul tu méritas mes sublimes leçons.
» Pénétre d'un beau feu mes dignes nourriçons ;

» Que ton exemple apprenne enfin à ta Patrie,
» Qu'on a tous les talens lorsqu'on a du génie.
» Tu chantas un Héros, l'amour de ton pays.....
» France ! Henri renaît du milieu de tes lys ;
» Il fera ton bonheur & celui de la terre :
» Hélas ! quand verra-t-on reparaître un VOLTAIRE » ?
Elle dit, & dépose aussi-tôt ses lauriers,
Que l'on ne peut cueillir qu'en dix siécles entiers.

 En croirai-je mes yeux ? Ce Poéte sublime,
Des Grâces qu'on adore obtint aussi l'estime :
Brillantes des attraits d'une noble pudeur,
Charmes de la jeunesse & des vertus du cœur,
Belles sans aucun art, la Nature est leur guide :
Au Temple des Neuf Sœurs marchant d'un pas timide,
Elles nomment VOLTAIRE, & répandent des pleurs,
Et couvrent ses lauriers de guirlandes de fleurs.
Ainsi, tout en brûlant du desir de la gloire,
Dans les siécles futurs illustrant sa mémoire,
Aux doux chants des Amours il unissait sa voix,
Le luth d'Anacréon soupirait sous ses doigts ;
Sa Muse tour-à-tour grave, badine, austère,
Charme ce sèxe aimable, ornement de la terre,
Qu'on veut fuir quelquefois, qu'on adore toujours,
Et de qui dépend seul le bonheur de nos jours :
Son esprit délicat est orné par les Grâces ;

(9)

Il conduit à son gré, fait voler sur ses traces
La Gaîté, la Raison, les Plaisirs & l'Honneur;
Dans les champs de Bellone il produit la valeur,
Et donnant au Génie une ardeur salutaire,
Montre qu'un beau triomphe est de pouvoir lui plaîre.

Mais VOLTAIRE, immortel dès ses premiers essais,
S'annonçait chaque jour par de nouveaux succès,
Et réveillait souvent les serpens de l'Envie,
Qui crut ternir sa gloire à jamais affermie.
Ce monstre ténébreux, craignant l'éclat du jour,
S'agite & se tourmente en son obscur séjour;
Tout mérite le blesse, il cherche à le proscrire,
Et dans ses noirs transports lui-même il se déchire.
Il met sur-tout sa joie & ses plaisirs affreux
A poursuivre un Poéte un seul instant heureux,
Tandis que ses lauriers, son triomphe insensible,
Sont le fruit d'un travail aussi long que pénible.
A ce monstre implacable, & qui fait tout oser,
L'éclatante Vertu ne peut en imposer.
Aux maux des malheureux, l'âme compatissante,
VOLTAIRE leur tendit une main bienfaisante,
Et du faible opprimé fut l'ardent défenseur.
L'Envie en redoubla sa jalouse fureur.
Le grand homme tranquile opposa la constance,
Et les mépris du Sage, & la reconnaissance

De tant d'infortunés, dont ſes nobles ſecours
Ont conſervé l'honneur & ranimé les jours.
Tel eſt l'ouvrage heureux de la Philoſophie,
Ce ſentiment ſi pur de toute âme ennoblie.

Délices des mortels qui réforment leurs mœurs,
Amour de la Sageſſe embrâſe tous les cœurs,
Tu couronnas jadis la bienfaiſante Aſtrée,
Et tu renais encor ſur la terre éclairée.
Le Trône eſt peu pour toi; tu daignes y monter
Pour rendre heureux le Peuple, & mieux faire éclater
Les utiles vertus qu'annonce ta préſence;
Le Nord depuis long-tems ſent ta douce influence;
Un Monarque, un Héros, le favori de Mars,
Qui daigne protéger & cultiver les Arts,
A ſurpaſſé le vœu que formait dans la Grèce
Un Sectateur fameux des lois de la Sageſſe.
Des Socrates nouveaux, du plus beau zèle épris,
Célébrent tes douceurs dans leurs doctes écrits.
Au gré de leurs deſirs n'éprouve plus d'obſtacles,
Dans ce ſiécle pervers enfante des miracles;
Que la Nature enfin jouïſſe de ſes droits,
Et de l'Humanité fais entendre la voix;
Répands de toutes parts tes brillantes lumières,
Et que le genre humain ſoit un peuple de frères.

Des malheureux mortels déplorant le deſtin,

Tel fut aussi le vœu du sublime Ecrivain,
Qu'en le désapprouvant un Aristarque admire ;
L'amour du bien public sous sa plume respire ;
De son vaste génie on voit la profondeur,
Et nous applaudissons la bonté de son cœur.
De deux moteurs puissans la force irrésistible
Animait tour-à-tour cette âme si sensible ;
L'impérieux desir de l'immortalité,
Et pour les malheureux l'ardente activité.
Un aride désert, l'effroi de la Nature,
Voit fleurir à sa voix l'utile Agriculture ;
Il seconde, il conduit le soc du Laboureur,
Et sous le toît rustique habite le bonheur.
Son zèle généreux, qu'enflamme sa Patrie,
De l'habile Artisan réveille l'industrie :
O Ferney ! tu confonds ses ennemis cruels ;
O Ferney ! tu dois tout à ses soins paternels.
Peu flatté de cueillir un laurier trop stérile,
VOLTAIRE à ses Ecrits donnait un but utile ;
En changeant les destins de l'humble adversité,
Il éclaira son siécle & la Postérité.
Voilà de ses bienfaits la source si féconde,
Et de tous ses travaux l'étonnement du monde.

    Suivez ce grand exemple, Amans de tous les Arts ;
D'une mer orageuse affrontant les hasards,

Vous brûlez d'acquérir une immortelle gloire,
Et de vivre à jamais au Temple de mémoire :
Rendez chers vos talens, qu'ils servent les mortels,
Soyez plus que fameux, méritez des Autels.

VOLTAIRE était trop grand, subjuguait trop l'estime,
Pour ne point inspirer un sentiment intime
A des cœurs vertueux & dignes de l'aimer,
Qu'un éclatant mérite a le droit de charmer :
Tandis que s'agitant au sein de la poussière,
L'insecte ose insulter l'Astre dont la lumière
Ranime l'univers, mais qui blesse ses yeux,
S'élevant jusqu'au Ciel, un aigle impérieux,
Dans son rapide vol, du Couchant à l'Aurore,
Contemple le Soleil, & l'admire, & l'adore.
O divine Amitié ! tes suprêmes douceurs,
Sont d'un Dieu bienfaisant les plus rares faveurs ;
Tu consolas VOLTAIRE & des traits de l'Envie
Et des chagrins affreux dont la gloire est suivie ;
Pour combler son espoir & sa félicité,
Tu guidas près de lui la Vertu, la Beauté (1).

De quels cris douloureux mon âme est déchirée ?
Que vois-je !... Où courez-vous, ô famille éplorée !
Quel horrible malheur s'attache sur vos pas ?...

---

(1) Madame Denis, & Madame la Marquise de Villette.

Parmi de longs sanglots, j'entends nommer Calas.
Ah! d'un zèle cruel déplorables victimes,
Qu'au nom du Dieu de paix on a commis de crimes!...
Mais d'un vieillard en pleurs les bras vous sont ouverts;
Son éloquence tonne, & dit à l'Univers : ‑‑
« De Calas en mourant le supplice s'achève,
» Et la voix du remords dans ses bourreaux s'élève ». ‑‑
 Infortunés Sirven, cet illustre vieillard,
Qui vint du Fanatisme arracher le poignard,
Sera votre vengeur, votre Dieu tutélaire;
Pénétrant de Thémis l'auguste Sanctuaire,
Il s'écriera, saisi d'un généreux transport : ‑‑
« Vous qui donnez d'un mot ou la vie ou la mort,
» Craignez d'être séduits; une vaine apparence
» Peut faire condamner la timide innocence,
» Et vos regrets alors ne la sauveront pas
» Du déshonneur affreux, pire que le trépas ». ‑‑
 Ombre du grand Corneille, ombre sublime & fière!
Quand VOLTAIRE eut fini son illustre carrière,
De joie à son aspect on te vit tressaillir,
Avec un doux transport l'embrasser, l'accueillir,
Lui marquer ta surprise & ta reconnaissance :
Toujours sensible au sort de la triste indigence,
Le rival de ta gloire a versé sur les tiens
De signalés bienfaits, les honneurs & les biens,

Ses travaux, ses vertus ont eu leur récompense;
Au Temple de la Gloire & de la Bienfaisance,
Ils sont tous pour jamais gravés des mains du Tems.
VOLTAIRE ne fut point glacé du froid des ans,
Il brava les horreurs qui suivent la Vieillesse,
Et montra tout le feu de l'ardente jeunesse :
Ce Nestor du Parnasse eut la félicité
De jouïr des transports de la Postérité.

Un triomphe bien cher à son âme attendrie,
Fut l'honorable accueil que lui fit sa Patrie :
De ses Concitoyens les applaudissemens
Consolent un grand homme à ses derniers momens.
Il vit un Peuple entier voler sur son passage;
Lui, ranimant sa force au déclin de son âge,
Prouva que les talens qui dureront toujours,
Dans un vieillard débile ont encor de beaux jours :
Il vit la Nation, que son génie étonne,
En pompe sur son front poser une couronne;
Et si l'on fut jamais sensible aux sombres bords,
Dans ce jour glorieux quels sont tous ses transports (1) !

VOLTAIRE quitte à peine une aimable retraite,
Se flattant de goûter une douceur parfaite
Au sein de sa Patrie & de quelques amis;

---

(1) Allusion au Prix décerné par l'Académie Française.

On le revoit à peine, & ses jours sont finis;
Quand la félicité s'offrait à sa vieillesse,
Il meurt; il n'éprouva qu'un instant d'allégresse;
Aux plaisirs enchanteurs qu'inspirait son aspect,
A ces transports de joie & mêlés de respect,
Aux rapides momens remplis de tant de charmes,
Succèdent tout-à-coup la douleur & les larmes.

 N'est-ce qu'en descendant au séjour de la Mort,
Que le grand homme enfin jouït d'un heureux sort?
D'injustes ennemis s'acharnent sur sa vie;
Ce n'est qu'en expirant qu'il désarme l'Envie.....

 Quelle voix m'a frappé? Quelles tristes clameurs!
« Admirons moins VOLTAIRE & plaignons ses erreurs;
» De la Religion il méconnut l'empire,
» Tous les biens qu'elle a faits, les douceurs qu'elle
   inspire;
» Les Mystères sacrés se voilant à ses yeux,
» Il osa l'outrager par des traits odieux.... ».--
Non, je ne le puis croire. Ah! des monstres impies
Ont lancé contre lui d'horribles calomnies (1).

───────────────

(1) Il est plus que probable que dans la quantité d'Ouvrages peu circonspects qu'on attribue à Voltaire, il en existe un grand nombre qui ne sont point de ce grand homme. Cependant, on est loin de vouloir approuver ceux qui

Sans doute il eut des torts..... Mais, grand Dieu ! les
    humains
Sont-ils donc tous parfaits en fortant de tes mains ?
Hélas ! qu'ils ont befoin de ta clémence augufte,
Et que tu fois toujours un Père & tendre & jufte !
Cet efpoir confolant vient adoucir leurs maux,
Et montre le bonheur dans la nuit des tombeaux.

---

peuvent être échappés de fa plume ; ils font une forte de tache à fa gloire ; & l'on ne fauroit trop exhorter les Gens de Lettres à ne fe jamais permettre des productions qu'ils n'ofent avouer.

www.ingramcontent.com/pod-product-compliance
Lightning Source LLC
Chambersburg PA
CBHW070528050426
42451CB00013B/2914